Sale temps pour les moches

"À nos parents"

Maryse et Marc

Dépôt légal : janvier 2007 — D.2007/0089/21
ISBN 2-8001-3874-9
© Dupuis, 2007.
Imprimé en Belgique.
www.dupuis.com

TU CROIS QU'ON A ÉTÉ TROP VACHES AVEC LE DÉPRESSIF ?

NOUS, VACHES ? TU RAMOLLIS, JENNY...

ON LUI A QUAND MÊME DIT QUE SON PHYSIQUE N'ÉTAIT PAS FAIT POUR L'AMOUR.

OUI, MAIS ÇA, C'EST PAS UNE VACHERIE, C'EST UN FAIT !

ET PUIS POUR SON NEZ, C'EST TOI QUI EN AS PARLÉ LA PREMIÈRE.

JE SAIS MAIS... J'AI PEUR QU'IL FASSE UNE BÊTISE...

40A

ÇA VA... ARRÊTE DE T'INQUIÉTER, JE TROUVERAI UN MOYEN D'ARRANGER ÇA.

T'ES VRAIMENT UNE FILLE BIEN, VICKY.

IL EN FAUT.

KARINE ?

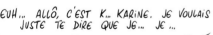

KARINE, J'AI BIEN RÉFLÉCHI ET J'ACCEPTE DE SORTIR AVEC TOI.

HEIN ?! JE... MAIS... EH, LES FILLES, PARTEZ PAS !

HI! HI!

DÉSOLÉE, J'AI RENDEZ-VOUS AVEC BRAD PITT ET IL N'AIME PAS QUE J'ARRIVE EN RETARD.

ET MOI JE DOIS ABSOLUMENT ME VERNIR LES ONGLES D'ORTEILS !

WOU!... TU AS LES DOIGTS FROIDS...

TU VOULAIS SORTIR AVEC QUI, TU DISAIS ?

J'AURAIS PRÉFÉRÉ JENNY, OU À LA RIGUEUR VICKY. MAIS TU ES LA SEULE QUI M'APPELLE POUR ME DIRE "JE T'AIME".

LA SEULE QUI QUOI ?!

AH, NON ! VICKY A DÛ SE TROMPER EN ME COMPOSANT LE NUMÉRO DE DAN !

ZUT !

L'APPEL NE T'ÉTAIT PAS DESTINÉ. C'EST UNE ERREUR, JE SUIS DÉSOLÉE.

MÊME LA GRANDE MOCHE NE M'AIME PAS ! J'AI PLUS QU'À COURIR ME SUICIDER !

⚡!!

LES FILLES ! JE PEUX VOUS PARLER UNE SECONDE ? C'EST À PROPOS DE KARINE...

BONJOUR DAN. OUI, ÇA VA BIEN ET TOI ?

AH EUH... BONJOUR VICKY, BONJOUR JENNY... DITES, JE TROUVE KARINE BIZARRE. ON DIRAIT QU'ELLE M'ÉVITE. VOUS SAVEZ CE QU'ELLE A ?

ELLE EST AMOUREUSE, DAN ! TU SAIS CE QUE C'EST...

AH, C'EST ÇA... HA ! HA ! JE M'INQUIÉTAIS POUR RIEN ALORS !

NON, ATTENDS ! PUISQUE JE TE DIS QUE JE T'AIME !!!

LAISSE-MOI SEUL !

WAHOU ! C'EST BEAU L'AMOUR !

HÉ ! HÉ !

Delaf · Dubuc

42

PSHHT
PSHHT

EH, DOUCEMENT ! J'EN REÇOIS PLEIN, DE TON PARFUM À DEUX BALLES !

TSS-TSS ! CE PARFUM EST GÉNIAL. JE L'AI CHIPÉ CE WEEK-END. TU VAS VOIR, IL REND LES GARS ACCROS !

RAISON DE PLUS POUR ÉVITER DE NOUS ASPERGER. S'IL FALLAIT QU'ON AIT ENCORE PLUS LA COTE, CE SERAIT DANGEREUX POUR NOUS !

SNF SNF

HUM... JENNY, J'ADORE TON NOUVEAU PARFUM...

ÇA Y EST, ÇA COMMENCE !

!

VICKY, TU PERMETS QUE JE T'OFFRE DES FLEURS ?

SEULEMENT SI ELLES ONT POUSSÉ SUR MARS !

VIENS, JENNY !

SNF SNF

JENNY, TU VEUX BIEN SORTIR AVEC MOI UN DE CES SOIRS ?

DÉSOLÉE, JE SUIS PRISE POUR LES 36 PROCHAINS MOIS. JE N'ACCEPTE PLUS DE RÉSERVATIONS JUSQU'À MES 18 ANS !

SNF SNF

JE T'AIME, VICKY ! SORS AVEC MOI !

SORRY, I DON'T SPEAK MONKEY ! *

* DÉGAGE GROS NUL !

JENNY, VICKY, JE VOUS AIME ! PAR PITIÉ, ÉPOUSEZ-MOUÂÂÂ !

QUELLE BANDE DE NULS ! ILS S'IMAGINENT VRAIMENT QUE DES FILLES COMME **NOUS** PEUVENT S'INTÉRESSER À DES MINABLES COMME **EUX** ?!

'FAUT LES COMPRENDRE : ON EST TELLEMENT CANON !

AVEC CE PARFUM EN PLUS... COMMENT TU VEUX QU'ILS RÉSISTENT ?

JE SAIS PAS, MOI JE RÉSISTE PAS À L'ENVIE DE LES PLANTER LÀ ET DE DÉGAGER.

66

SNF SNF... TU SENS CE QUE JE SENS ?

OUI... SNF... CE PARFUM, CE SERAIT PAS...

DU GAZ D'ÉCHAPPEMENT !!

JOHN JOHN, ON T'AIME ! PAR PITIÉ, ÉPOUSE-NOUS !

!

Delaf-Dubuc

...SI S - A + F = 2, ALORS ÇA VEUT DIRE QUE...

QU'EST-CE QUE VOUS FAITES?

ON ASSEMBLE DES POLYGONES RÉGULIERS EN STRUCTURE CONVEXE SELON LA FORMULE DU PROF DE MATHS. ÇA ME SEMBLE POURTANT ÉVIDENT !

MAIS... VOUS VOUS TAPEZ SEULES NOTRE PROJET DE GÉOMÉTRIE ?! 'FALLAIT M'ATTENDRE, C'EST UN TRAVAIL D'ÉQUIPE !

ON SAIT, MAIS ON A DÉCIDÉ DE TE DONNER CONGÉ.

TU PROFITERAS DE TA SOIRÉE POUR ENFIN VOIR TON DAN.

WOUAH ! C'EST SUPER GENTIL À VOUS !

C'EST ÇA, DES COPINES, ÇA DONNE SANS COMPTER.

J'AIMERAIS TANT M'AVOIR COMME AMIE !

JE ME SENS UN PEU COUPABLE. C'EST UN TRAVAIL HYPER COMPLIQUÉ. À DEUX, VOUS EN AVEZ POUR TOUTE LA SOIRÉE, PEUT-ÊTRE MÊME LA NUIT.

MAIS NON, T'EN FAIS PAS...

...JENNY Y A MIS DU SIEN, ALORS ON A DÉJÀ TERMINÉ.

TA-DA!!!

?!

MAIS... VOYONS, LES FILLES ! ON PEUT PAS REMETTRE ÇA...

C'EST SUPPOSÉ DONNER UNE SPHÈRE...

OUAIS MAIS MOI, JE TROUVE QU'UN COEUR, C'EST PLUS BEAU !

TU VAS PAS NOUS FAIRE RECOMMENCER, QUAND MÊME ! ON A BOSSÉ COMME DES DINGUES !

61

ARRÊTE DE TE SENTIR COUPABLE, C'EST ELLE QUI A INSISTÉ !

MOTO RACER

TU AS RAISON !

CLING CLING

...SI S - A + F = 2, ALORS ÇA VEUT DIRE QUE...

Delaf - Dubuc

8

C'EST PAS GRAVE SI KARINE SORT AVEC DAN. PENDANT QU'ILS SERONT ENSEMBLE, ON IRA FAIRE DU SHOPPING JUSTE NOUS DEUX...

ET QUI PORTERA NOS SACS, MISS CERVEAU ?

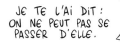

JE TE L'AI DIT : ON NE PEUT PAS SE PASSER D'ELLE.

DAN, OUI, DE TOUTE MANIÈRE, IL S'EN PASSE DÉJÀ.

AH OUAIS... Y A ÇA...

TU AS RAISON, VICKY. IL FAUT FAIRE COMPRENDRE À KARINE QUE L'AMITIÉ PASSE BIEN AVANT LES HISTOIRES DE GARÇONS.

OU-OUH ! LES FILLES !

REGARDEZ, J'AI RÉUSSI ! UNE SPHÈRE PARFAITE !

J'Y AI PASSÉ LA NUIT, MAIS ÇA VALAIT LE COUP DE...

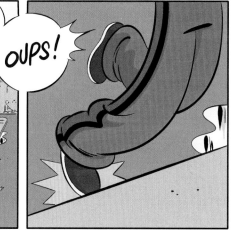

OUPS !

OH, NON !!

T'INQUIÈTE, JE L'AI !

EH ! CE SERAIT PAS JOHN JOHN, LÀ-BAS ?

JOHN JOHN ?

OÙ ÇA ???

47

AH, NON ! FAUSSE ALERTE !

CROTTE.

QU'EST-CE QU'ON DISAIT DÉJÀ ?

QUE L'AMITIÉ PASSE BIEN AVANT LES GARÇONS.

AH OUAIS...

9

Delaf. Dubuc

BOUHOUHOU

ÇA VA, P'TIT MEC ?

NON !

JE SUIS MOCHE. AUCUNE FILLE VEUT DE MOI. C'EST TROP INJUSTE !

J'TE CAPTE À FOND !

PFF ! TOI T'AS UNE DÉGAINE QUI EN JETTE. MOI J'AI RIEN D'AUTRE QUE DES BOUTONS !

ACHÈTE-TOI UNE BÉCANE, ÇA FAIT FLIPPER LES POULES.

J'Y AI PENSÉ, QU'EST-CE QUE TU CROIS ! SAUF QUE MON BUDGET NE ME PERMET QUE LE CASQUE.

MMH ...

ÇA PEUT LE FAIRE.

ALORS, MA BICHE... ON SE BRONZE ?

?

JOHN J...

MAIS...

VOUS N'ÊTES PAS LE VRAI JOHN JOHN !

JE SUIS SON FRÈRE JUMEAU !

J'AURAIS DÛ M'EN DOUTER, VOUS VOUS RESSEMBLEZ BEAUCOUP.

VOUS N'AVEZ PAS DE MOTO ?

JE L'AI LAISSÉE CHEZ MOI. À PIED, C'EST PLUS PRATIQUE POUR RENCONTRER DES BELLES POULES COMME TOI...

WOUAH ! VOUS SAVEZ PARLER AUX FILLES !

65

JE VOUDRAIS PAS BRUSQUER LES CHOSES MAIS... ÇA TE DIRAIT QU'ON AILLE SE BALADER DANS UN COIN SOMBRE ?

OUAIS, BIEN SÛR !

J'ADOOORE LES HOMMES CASQUÉS ! C'EST SI MYSTÉRIEUX !!!

J'HALLUCINE, ÇA MARCHE !!!

T'AS UN TRUC POUR ROULER DES PELLES SANS RELEVER TA VISIÈRE ?

Delaf - Dubuc

WRAAAAH!

HOU-HOU

HOU! HOU!

BAM!

C'EST RARE QU'ON LE VOIE S'ÉNERVER AUTANT!

HOU HOU HOU

JE ME DEMANDE BIEN CE QUI PEUT L'EXCITER...

QU'EST-CE QU'IL CROIT?

NOUS, ÉVIDEMMENT!

VOYONS, LES FILLES, C'EST UN SINGE! VOUS PENSEZ QUAND MÊME PAS QU'IL S'INTÉRESSE À VOUS?

C'EST PEUT-ÊTRE UN PRIMATE, MAIS AU MOINS, IL SAIT RECONNAÎTRE LA VRAIE BEAUTÉ, LUI!

J'Y PENSE: CE DOIT ÊTRE MON GLOSS QUI L'EXCITE. TOUS LES MÂLES CRAQUENT POUR CETTE COULEUR!

MOI JE CROIS QUE C'EST PLUTÔT MON NOUVEAU PARFUM.

POURQUOI? IL EST À LA BANANE?

HÉHÉ!

BON, JE VAIS FAIRE UN TOUR DU CÔTÉ DES GIRAFES. JE VOUS LAISSE AVEC VOTRE NOUVELLE FLAMME!

OUAIS, C'EST ÇA...

62

...DIS PLUTÔT QUE TU ES JALOUSE PARCE QUE LE SINGE NE S'INTÉRESSE PAS À TOI!

WRAAAAH!

?!!

?

BAM BAM

ON AURAIT DÛ S'EN DOUTER. POUR EXCITER UN SINGE, RIEN DE MIEUX QU'UNE GUENON!

BIEN DIT!

HOU HOU

Delaf - Dubuc

MAIS JENNY, T'EN AS ABSOLUMENT PAS BESOIN. EN PLUS, CES CHOSES-LÀ COÛTENT UNE FORTUNE!

J'AI PENSÉ À TOUT...

TU VOIS? CES PARENTS ONT RÉUSSI À AMASSER UNE SOMME ASTRONOMIQUE POUR LEUR FILLE. ET REGARDE: ELLE EST MÊME PAS BELLE!

T'IMAGINES TOUT LE BLÉ QUE MOI JE POURRAIS RÉCOLTER?

Collecte de fonds réussie pour la petite Mélanie

JENNY, CETTE FILLE EST ATTEINTE D'UNE MALADIE RARE: SES OS S'EFFRITENT, ELLE SOUFFRE ATROCEMENT!

MOI, JE COMMENCE PAR LA COLLECTE, JE SOUFFRIRAI PLUS TARD!

BONJOUR, LES FILLES! JE RECUEILLE DES FONDS POUR UNE CAUSE QUI ME TIENT VRAIMENT À CŒUR...

C'EST QUOI? TON LOOK?

HA! HA! HA! HA! HA!

C'EST DINGUE, COMMENT VOUS AVEZ DEVINÉ?

GRAT GRAT

L'ARGENT C'EST POUR QUOI? TE PAYER UN CERVEAU?

'PARAÎT QUE C'EST TRÈS TENDANCE CETTE SAISON!

HIN! HIN! HIN!

OH NON, RASSUREZ-VOUS, PAS DE DÉPENSES INUTILES! QUE LE STRICT MINIMUM:

LIPOSUCCION,

AUGMENTATION MAMMAIRE

ET CHIRURGIE DU NEZ.

55

AÏE! MAIS QU'EST-CE QUE VOUS FAITES? LÂCHEZ-MOI!

TU VAS VOIR, ON VA TE LE REFAIRE, TON LOOK!

CLAC! PIF! PAF!

DONNEZ GÉNÉREUSEMENT.

?

MES OS F'EFFRITENT, VE FOUFFRE ATROFEMENT!

Delaf - Dubuc

13

QUI TU APPELLES ?

SALUT, C'EST VICKY. J'AI TROUVÉ TON NUMÉRO DANS LE BOTTIN DE L'ÉCOLE ET JE ME SUIS DIT : CE GARS-LÀ CRÈVE D'ENVIE D'INVITER LA PLUS BELLE FILLE DU LYCÉE AU CINÉMA. PAS VRAI ?

SUPER ! PASSE ME CHERCHER À 19H00. JE SUIS CHEZ KARINE. T'AS UNE VOITURE, J'ESPÈRE ?

ALORS PIQUE CELLE DE TES PARENTS ET **SOIS À L'HEURE !**

QUOI ?!

JE VAIS QUAND MÊME PAS PAYER MON TICKET ! C'EST CHER, LE CINÉMA.

DING! DONG!

C'EST POUR MOI !

MES VIEUX VONT M'ARRACHER LA TÊTE, MAIS ÇA VAUT LE COUP !

BEURK ! QUELLE SALE GUEULE...

...J'ESPÈRE QUE J'AURAI PLUS DE CHANCE AVEC CELUI DE 19H05 !

Delaf - Dubuc

VICKY, ÇA VA PAS ? TU AS RATÉ LES SOLDES ? TON PIERCING EST TOMBÉ ?

MA GRAND-MÈRE EST MORTE.

OH, JE SUIS DÉSOLÉE ! TOUTES MES SYMPATHIES ...

TU COMPRENDS PAS, ON S'EN FOUT DE MA GRAND-MÈRE ! LE PROBLÈME, C'EST QUE JE DOIS ALLER AU SALON FUNÉRAIRE, ALORS JE NE POURRAI PAS EMPÊCHER KARINE D'ALLER AU CINÉMA AVEC DAN CE SOIR !

AH...

S'ILS SE RETROUVENT SEULS, CES DEUX-LÀ, ON POURRA DIRE ADIEU À NOTRE BELLE AMITIÉ ENTRE FILLES !

TU AS RAISON... TA GRAND-MÈRE AURAIT PU FAIRE ATTENTION...

À MOINS QUE...

QUOI ?

TU POURRAIS LES ACCOMPAGNER AU CINÉMA ET LEUR GÂCHER LA SOIRÉE !

TU CROIS QUE J'Y ARRIVERAIS ?

MAIS OUI ! TU GÂCHES TOUT AVEC TELLEMENT D'AISANCE !

ÉCOUTE ...

... PENDANT LA PROJECTION, TU T'ASSOIS ENTRE EUX...

EUH...

CHUT, LE FILM COMMENCE !

... TU LES EMPÊCHES DE PARTAGER LEUR POP-CORN...

EH, DAN, TU VEUX UN PEU DE POP-C

ATCHOU!

... ET SURTOUT, TU T'ASSURES QU'ILS NE PUISSENT PAS SE TENIR LA MAIN EN SORTANT.

QUELLE BELLE SOIRÉE ! 'FAUDRA REMETTRE ÇA !

48

...ET TU ES CERTAINE QU'ILS NE SE SONT JAMAIS RETROUVÉS SEULS ? ILS NE SE SONT PAS EMBRASSÉS ?

C'EST À PEINE S'ILS ONT PU SE PARLER !

BRAVO, JENNY ! TU VOIS QUE TU N'ES PAS SI BÊTE !

MERCI ! J'AVOUE QUE JE ME SUIS SURPASSÉE !

KARINE EST BIEN RENTRÉE CHEZ ELLE ?

NON, ELLE EST AU RESTO AVEC DAN. MAIS MOI J'SUIS TROP CREVÉE. C'EST ÉPUISANT DE PENSER À TOUT !

DeloF-Dubuc

EH, LES AMOUREUX !

VOUS ÊTES SI MIGNONS TOUS LES DEUX !

DE LOIN, ON DIRAIT QUE C'EST DAN LA FILLE ET KARINE LE GARS, MAIS C'EST PAS GRAVE !

JE T'EMPRUNTE TA COPINE UNE SECONDE, DAN...

EUH... JE REVIENS...

TA-DAM ! QUI C'EST QUI VA DONNER LES PLUS MEILLEURS BISOUS À SAVEUR DE CERISE ? C'EST TOI !!

UN BAUME À LÈVRES ?

ALLEZ, METS-EN TOUT DE SUITE, JE SUIS SÛRE QUE DAN VA ADORER ! C'EST MON PETIT TRUC INFAILLIBLE POUR RENDRE LES GARÇONS ACCROS !

MMM... C'EST VRAI QU'IL A BON GOÛT !

TU PEUX LE GARDER, C'EST UN CADEAU !

MERCI, VICKY. C'EST TRÈS GENTIL !

QU'EST-CE QUE VOUS FAITES AVEC MON BAUME À LÈVRES ?!

QUOI ? C'EST À TOI ?! ...ALORS ÇA EXPLIQUE POURQUOI JE L'AI TROUVÉ DANS TON SAC À MAIN !

HEUREUSEMENT QUE JE SUIS ARRIVÉE AVANT QUE VOUS NE L'UTILISIEZ !...

49

... J'AI UNE POUSSÉE D'HERPÈS LABIAL, C'EST HYPER CONTAGIEUX...

POUAH ! POUAH ! POUAH !

... ALORS TU FAIS COMME TU VEUX, MAIS MOI, JE TE SUGGÈRE FORTEMENT DE ROMPRE AVANT DC CHOPER CETTE SALETÉ !

Delaf · Dubuc

REGARDE, VICKY ! IL EST TROOOOOP MIGNON !

MADAME ! JE POURRAIS ESSAYER LE CHIOT DANS LA VITRINE ?

L'ESSAYER ?

petland

TU VAS PAS T'ACHETER UN CHIEN ?

MOI QUI DÉSESPÉRAIS DE TROUVER LE PETIT QUELQUE CHOSE POUR METTRE MES BOTTES EN VALEUR !

J'AURAIS PRÉFÉRÉ UN SAC À MAIN, MAIS J'EN AI PAS TROUVÉ.

OOOH, REGARDE, IL EST EXACTEMENT DE LA BONNE COULEUR !

ALORS, IL EST GÉNIAL, NON ?

'FAUT DIRE QUE LE COLLIER Y FAIT POUR BEAUCOUP !

ALLEZ, JE LE PRENDS !

JENNY, CE TRUC EST VIVANT ! ÇA BAVE, ÇA PUE ET ÇA FAIT CACA !

LES GARÇONS AUSSI ET ÇA TE DÉRANGE PAS !

52A

ALORS, AVEC LE COLLIER ET UN SAC DE CROQUETTES, ÇA FERA 429,78.

HEIN ?! C'EST DES CROQUETTES AU CAVIAR OU QUOI ?!

CE CHIEN EST UN PUR-SANG, JEUNE FILLE. JE SUIS SÛRE QU'À LA S.P.A. VOUS TROUVEREZ UN PETIT BÂTARD TRÈS ABORDABLE QUI CONVIENDRA DAVANTAGE À VOTRE STYLE.

DE L'USAGÉ ? PAS QUESTION !

PFF ! ON S'EN FOUT QUE SON SANG SOIT PUR, C'EST LE POIL QUI COMPTE !

NON MAIS...

QU'EST-CE QUE TU FAIS ?

BI BI BI BI

MGRBL...

ALLÔ, C'EST JENNY... J'AI UN SERVICE À TE DEMANDER...

CHAMBRE
DE
REBECCA

PASSAGE INTERDIT
AUX PETITES
SŒURS STUPIDES

TOC!
TOC!

REBECCA ! JE PEUX ENTRER ?

T'AS PAS VU LE PANNEAU ?

J'AI QUELQUE CHOSE À TE MONTRER !

TADA !

QU'EST-CE QUE C'EST QUE ÇA ?

IL M'A COÛTÉ UNE FORTUNE, MAIS C'EST GÉNIAL, NON ?

OUF ! 'FAUDRAIT ME PAYER CHER POUR QUE JE ME PROMÈNE HABILLÉE COMME ÇA !

AH BON ? C'EST NUL À CE POINT-LÀ ?

SI TU PORTES ÇA EN PUBLIC, JE VAIS DEVOIR CHANGER DE NOM DE FAMILLE !

MAINTENANT TU DÉGAGES, TU PUES LE PARFUM À DEUX BALLES !

C'EST BON, PAS BESOIN D'ÊTRE MÉCHANTE !

ET ARRÊTE DE BRAILLER ! SI TU ME DEMANDES MON AVIS, ATTENDS-TOI À UNE RÉPONSE FRANCHE.

TU POURRAIS QUAND MÊME ...

VLAM!

44

ALORS ?

TU VEUX UNE RÉPONSE FRANCHE ?

Delaf - Dubuc

22

PAUVRES PETITES BOTTES! 'FAUDRAIT BIEN QUE JE VOUS TROUVE UN AUTRE CHIEN...

AH NON! TU NE VAS PAS REMETTRE ÇA!

?

ACCESSOIRE ?!

TU N'AS DONC AUCUN REMORDS?

MAIS...

...TU PARLES?!

DANS MA VIE DE CHIEN J'EN ÉTAIS INCAPABLE. MAINTENANT, JE COMPRENDS BEAUCOUP DE CHOSES ...

D'AILLEURS, ÇA M'A FAIT MAL QUAND J'AI COMPRIS LE SENS DE MON NOM. "ACCESSOIRE," PFFT!

ÇA AVAIT L'AIR DE TE PLAIRE!

C'EST PARCE QUE TU AVAIS L'AIR DE M'AIMER.

MAIS JE T'ADORE, MON PETIT ACCESSOIRE! SANS TOI, CE N'EST PLUS PAREIL...

...MES BOTTES SONT NETTEMENT MOINS SEYANTES!

TU M'AS CHOISI RIEN QUE POUR LA COULEUR DE MON PELAGE, J'AURAIS MÉRITÉ QUE TU M'APPRÉCIES AU COMPLET!

MAIS JE T'AIMAIS AU COMPLET! J'AIMAIS MÊME TA LAISSE, C'EST DIRE...

TU NE COMPRENDS RIEN!!

TU M'AS TRAITÉ COMME UN OBJET ALORS QUE JE NE DEMANDAIS QU'À T'AIMER!!!

EXCUSE-MOI. J'AI ÉTÉ IDIOTE!

C'EST TROP TARD! MAINTENANT JE SUIS MOOOOOOORT! ~BOUHOU-HOU!~

58

TU AS RAISON, CE QUE J'AI FAIT EST INEXCUSABLE.

J'AI MA LEÇON: UN CHIEN N'EST PAS UN ACCESSOIRE.

C'EST BON DE TE L'ENTENDRE DIRE.

SNRF!

IL EST MIGNON, VOUS TROUVEZ PAS?

COMME NOM, J'AI PENSÉ À ACCESSOIRE 2 ...

MIOU?

Delaf-Dubuc

23

53

Delaf - Dubuc

24

HUM!

C'EST BON, ON PEUT Y ALLER.

POURQUOI VOUS RIEZ ?

HI! HI!

BINGO! T'AVAIS RAISON, VICKY! C'EST BIEN UNE CAPOTE!

ALORS, KARINE, TU COMPTAIS NOUS EN PARLER OU TU VOULAIS GARDER ÇA POUR TOI ?

!

ET À LA FRAISE EN PLUS! TU T'EMBÊTES PAS POUR UNE PREMIÈRE FOIS!

RENDS-MOI ÇA! JE ME SUIS TROMPÉE DE DISTRIBUTEUR, C'EST TOUT!

OUAIS, OUAIS!

WAHOOOOU! C'EST UNE INVITATION ?

JOHN JOHN ?!

C'EST PAS À MOI C'EST À KARINE!

AH BON?

HA! HA! HA! EXCELLENT, JENNY : KARINE, LA REINE DES PUCELLES QUI S'ACHÈTERAIT DES CONDOMS!

ALLEZ, RENDS-MOI ÇA!

J'EN AI DÉJÀ UNE BOÎTE FRAÎCHE À LA MAISON, MAIS J'AI APERÇU CELUI-CI À LA FRAISE ET J'AI CRAQUÉ!

J'AIME BIEN UNE PETITE FANTAISIE DE TEMPS EN TEMPS, ÇA CHANGE LA ROUTINE. TU DEVRAIS ESSAYER UN DE CES QUATRE!

OUAIS, POURQUOI PAS TOUT DE SUITE ?

!

54

HÉ! HÉ!

T'ES SÉRIEUX ?

C'EST JUSTE QUE JE SUIS HYPER DÉBORDÉE CES TEMPS-CI ET...

ALLEZ, JE ME SAUVE, SANDRA M'ATTEND!

JE T'EN REDONNE DES NOUVELLES!

HA! HA! OUAIS, C'EST ÇA!

VRRRRRRR

REINE DES PUCELLES, TU DISAIS ?

TOI TU M'EN DOIS UNE BELLE! JE TE SAUVERAI PAS COMME ÇA CHAQUE FOIS!

Delaf - Dubuc

ALLÔ ?

EUH...

C'EST MOI.

EN BAS DE CHEZ MOI ?...

OUI... EUH... C'EST QUE JE SUIS DANS MON BAIN PRÉSENTEMENT.

D'ACC, JE FAIS VITE.

À TOUT DE SUITE, BEAU GOSSE !

JE SORS AVEC UN MEC, LÀ. JE PEUX T'EMPRUNTER QUELQUES VÊTEMENTS ?

BIEN SÛR, JENNA !

C'EST QUI ? LE PETIT BENOÎT ?

LUI ? PFF ! IL EST TOTAL IMMATURE !

... ET PUIS EN DESSOUS DE 15 ANS, LES GARS SAVENT PAS EMBRASSER !

NON, CELUI-LÀ C'EST UN VRAI MEC. ALLEZ, CIAO !

CLAC

64

C'EST DINGUE COMME ELLE GRANDIT VITE ! ÇA FAIT PRESQUE PEUR...

BEN QUOI ?

T'AS JAMAIS VU PERSONNE RÉTRÉCIR AU LAVAGE ?

DeLaF · Dubuc

26

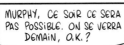

59

27

ÇA DIT PLEIN DE TRUCS SUR TOI... PAS TOUJOURS TRÈS GENTILS !

MAIS... C'EST PAS LE JOURNAL DE KARINE !

...JE L'AI DÉJÀ VU ET IL EST PAS DU TOUT COMME ÇA !

CELUI QUE TU AS VU ÉTAIT UN FAUX. LE VRAI, C'EST CELUI-CI AVEC TOUTES LES VILAINES CHOSES QU'ELLE PENSE DE TOI.

À TA PLACE, J'Y JETTERAIS UN OEIL !

ASSEZ ! C'EST ENCORE UNE DE VOS MANIGANCES !

UNE MANI-GANCE, NOUS ?

JE SAIS MÊME PAS CE QUE ÇA VEUT DIRE !

SPLAF !

COMME L'AUTRE SOIR, QUAND VOUS AVEZ FABRIQUÉ UNE FAUSSE KARINE QUI EST VENUE SOUS MA FENÊTRE POUR ME DIRE QU'ELLE VOULAIT ROMPRE !

VOUS VOUS ÊTES BIEN FAIT AVOIR, LA VRAIE ÉTAIT AVEC MOI !

ET QUI TE DIT QUE C'ÉTAIT PAS NOUS, LA VRAIE ?!

60B

ARRÊTEZ, ÇA SUFFIT !

JE N'AI RIEN DIT À KARINE POUR NE PAS LUI FAIRE DE PEINE, MAIS MAINTENANT, IL VA FALLOIR VOUS Y HABITUER.

ELLE ET MOI, C'EST À LA VIE À LA MORT !

DÉSOLÉ, MAIS VOS PETITES TACTIQUES NE PRENNENT PAS AVEC MOI...

... JE NE SUIS PAS AUSSI NAÏF QUE KARINE.

TILT !

QU'EST-CE QUE C'EST ?

ÇA FAIT DEUX HEURES QU'ON SE LES GÈLE ET ON A TOUJOURS RIEN TROUVÉ POUR GÂCHER LEUR SOIRÉE.

JE SUIS À BOUT DE RESSOURCES, MOI ! ET TU N'ES PAS D'UNE GRANDE AIDE POUR TROUVER DES IDÉES.

C'EST PAS MA FAUTE SI TU LES REFUSES TOUTES !

C'EST PAS MA FAUTE SI ELLES SONT TOUTES NULLES !

QUOI ?! TU PENSES PEUT-ÊTRE QUE CHHHT ! REGARDE, JE CROIS QUE C'EST LE DÉPRESSIF !

T'ES SÛRE QUE C'EST LE DÉPRESSIF ?

CHHHT !

63

EH BEN ! QUELLE TECHNIQUE !

GÂCHER UN RENDEZ-VOUS D'AMOUREUX EN 34,5 SECONDES. C'EST UN PRO !

Delaf - Dubuc

TIENS! LA GROSSE QUI BOUFFE EN CACHETTE!

!

LE DIS PAS À M'MAN, S'IL TE PLAÎT!!!

LUI DIRE QUOI? QUE TU MANGES POUR OUBLIER QUE LES MECS NE S'INTÉRESSENT PAS À TOI?

TU DÉLIRES! LES MECS S'ENTRETUENT POUR M'OFFRIR LEUR VIE!

JE PARLE PAS DES JEUNES IDIOTS PRÉPUBÈRES DE TON ÉCOLE. JE PARLE DES VRAIS MECS.

TU SAURAS QUE JOHN JOHN ME TROUVE VACHEMENT À SON GOÛT!

HA! HA! TU PENSES VRAIMENT QU'IL FLIPPE SUR LES BOULOTTES?

J'AI QU'UN APPEL À FAIRE ET IL ME DEMANDE EN MARIAGE!

VAS-Y, ON VA RIGOLER!

JE...

JE PEUX PAS FAIRE ÇA.

JENNY EN MOURRAIT DE CHAGRIN.

MENTEUSE!

...TU T'EN FOUS PAS MAL DE LUI FAIRE DE LA PEINE!

T'OSES PAS APPELER PARCE QUE TU SAIS TRÈS BIEN QUE JOHN JOHN PRÉFÈRE JENNY!

NORMAL, ELLE EST PLUS CANON QUE TOI.

PFF! ELLE EST PAS SI CANON QUE ÇA!

EN TOUT CAS, JE VOUDRAIS PAS ÊTRE À TA PLACE! KARINE QUI SORT AVEC DAN, JENNY BIENTÔT AVEC JOHN JOHN...

TU VAS TE RETROUVER SEULE, LA GROSSE!

N'IMPORTE QUOI! JE SUIS MÊME PAS GROSSE!

CLAC!

POF!

HA! HA!

JE ME RETROUVERAI PAS SEULE... JE ME RETROUVERAI PAS SEULE...

68

34

Delaf - Dubuc

LES VÊTEMENTS D'HIVER, C'EST DÉPRIMANT...

BRUN, NOIR, GRIS... BEURK!

T'INQUIÈTE, JE VAIS TE TROUVER UN TRUC QUI SORT DE L'ORDINAIRE...

REGARDE-MOI ÇA! CETTE DOUDOUNE T'IRAIT À MERVEILLE!

ÇA?!

... C'EST PAS UN PEU ANTI-SEXE?

MAIS NON! ESSAIE-LA VITE!

ÇA TE FAIT UN LOOK D'ENFER! HEIN, KARINE?

OUI, C'EST MIGNON.

TU VOIS, IL TE LA FAUT ABSOLUMENT!

TU AS RAISON: CE QUI N'EST PAS MONTRÉ EXCITE LA CURIOSITÉ!

DÉPÊCHE-TOI DE PASSER À LA CAISSE. Y A DES FILLES PLUS LOIN QUI ATTENDENT QUE TU LA REPOSES POUR TE LA PIQUER.

D'ACCORD!

ET HOP! EMMITOUFLÉE, LA JENNY! À MOI JOHN JOHN!

AH ZUT, ON N'A MÊME PAS PENSÉ À REGARDER POUR TOI!

OH, JE POURRAIS REVENIR UN AUTRE JOUR...

...MAIS SI VOUS INSISTEZ, J'AI REMARQUÉ UN CHOUETTE ENSEMBLE PAR LÀ-BAS...

CHEAP KINGDON

top fashion

TADA!

OH VICKY... T'ES TROP SEXY!!!

VOUS DEVEZ SAVOIR QU'IL S'AGIT D'UN MANTEAU TROIS SAISONS: PRINTEMPS-ÉTÉ-AUTOMNE...

ET ALORS? VOUS ÊTES PAS AU COURANT QUE LA PLANÈTE SE RÉCHAUFFE? JE SUIS PRÉVOYANTE, MOI!

ÇA TE VA TROP TROP BIEN! IL ME FAUT UN ENSEMBLE COMME ÇA MOI AUSSI!

PAS QUESTION! TU AS UNE BELLE DOUDOUNE TOUTE NEUVE!

DE TOUTE FAÇON, C'EST PAS DANS TES MOYENS...

69

PEUT-ÊTRE QU'ILS ME REPRENDRAIENT LA DOUDOUNE...

AH NON! CERTAINEMENT PAS!

LES MANTEAUX D'HIVER, C'EST COMME LES SOUS-VÊTEMENTS: AUCUN RETOUR!

C'EST BIEN CONNU!

ET PUIS TU VAS PAS L'ABANDONNER! PAUVRE PETITE DOUDOUNE, ELLE S'ÉTAIT HABITUÉE À TOI, ELLE!

TU AS RAISON, JE PEUX PAS LUI FAIRE ÇA. C'EST INHUMAIN!

AH, ON VA EN BRISER DES CŒURS TOUTES LES DEUX! J'AI BIEN FAIT D'INSISTER POUR QUE KARINE ME RACHÈTE LA DOUDOUNE!

G!

GALERIES Solo

ENTR

Delaf - Dubuc

ALL-U-CAN-EAT

RÔT!

Buffet chinois à volonté 12,95 $

UN BUFFET CHINOIS? T'ES FOLLE! J'ENGRAISSE RIEN QU'À Y PENSER!

PRÉJUGÉ! AU CONTRAIRE, LA BOUFFE CHINOISE, C'EST EXCELLENT POUR LA LIGNE!

AH BON?

TU CONNAIS BEAUCOUP DE CHINOIS OBÈSES, TOI?

NON...

ALLEZ, C'EST MOI QUI INVITE!

WOUAH! Y A PLEIN DE TRUCS QUE J'AI JAMAIS GOÛTÉS!... JE SAIS PAS SI J'OSE...

MAIS OUI! LE SECRET, C'EST DE METTRE BEAUCOUP DE SAUCE. ÇA NOIE LES CALORIES.

DANS CE CAS... JE VAIS PRENDRE UN PEU DE ÇA... PUIS AUSSI ÇA... ET ÇA...

VAS-Y, SERS-TOI! ET À MOI JOHN JOHN!

TU PRENDS QUE ÇA?

J'Y VAIS MOLLO, J'AI PEUR DE MAIGRIR TROP VITE!

MMH! TU DEVRAIS GOÛTER AUX TRUCS BEIGES, C'EST TROP BON!

CRUNCH ...

WOUAH! CHA AUCHI CH'EST SHUPER!

?

J'ADOOORE! MERCI, JÉSUS, D'AVOIR INVENTÉ LES CHINOIS!

MIOM! CROC!

!!!

MIAM CHOMP GLUPS!

70

OUF! JE ME SENS UN PEU BIZARRE... TU CROIS QUE J'AI TROP MANGÉ?

JE RÊVE!! C'EST PAS POSSIBLE!!!

ALLERGIE ALIMENTAIRE. PAS DE PANIQUE, ELLE DÉGONFLERA RAPIDEMENT.

GÉNIAL.

Delaf. Dubuc

ÇA M'A COÛTÉ UNE FORTUNE, MAIS C'EST DAN QUI VA ÊTRE CONTENT !

LES BLACK-BERRIES ?! ME DIS PAS QUE T'ES FAN DE CE GROUPE D'ATTARDÉS MENTAUX ?

J'ADORE ! C'EST DAN QUI M'A FAIT DÉCOUVRIR ! J'AI TROP HÂTE DE VOIR SA TÊTE QUAND IL SAURA QUE J'AI RÉUSSI À AVOIR DES BILLETS POUR VENDREDI...

C'EST SOLD-OUT DEPUIS DES SEMAINES !

RÂÂÂH... C'EST TOUJOURS LA MÊME CHOSE ! DAN PAR-CI, DAN PAR-LÀ...

MAIS JENNY, C'EST NORMAL, ON S'AIME !

C'EST PAS JUSTE ! T'AS PAS LE DROIT DE NOUS LAISSER TOUTES SEULES LE SOIR DE TON ANNIVERSAIRE !

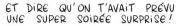

ET DIRE QU'ON T'AVAIT PRÉVU UNE SUPER SOIRÉE SURPRISE !

AH BON ?

POOH!

JE SUIS TOUCHÉE, JE VOUS JURE ! C'EST JUSTE QU'IL FALLAIT LE DIRE AVANT...

C'EST BON, ARRÊTE !...

... ON A COMPRIS OÙ SONT TES PRIORITÉS !

VIENS, JENNY.

MAIS... LES FILLES ...

GRAT GRAT

TU VEUX BIEN ME REMBOURSER ? ...

... JE POURRAI PAS Y ALLER, FINALEMENT.

COMME TU VEUX.

50 ?! MAIS... Y A QUE LA MOITIÉ !

NORMAL, ILS SONT PLUS TOUT NEUFS. ÇA VA ÊTRE DIFFICILE À REVENDRE...

71

Y A UN TRUC QUE JE COMPRENDS PAS... POURQUOI T'AS DIT À KARINE QU'ON LUI AVAIT ORGANISÉ UNE SOIRÉE ?

CHUT, ELLE ARRIVE !

COUCOU, LES FILLES ! J'AI REVENDU LES BILLETS, JE SUIS LIBRE VENDREDI.

AH NON, C'EST TROP TARD, MAINTENANT ! ON A CHANGÉ NOS PLANS. 'FALLAIT LE DIRE AVANT !

MAIS SI TU VEUX, TU POURRAS NOUS ACCOMPAGNER AU CENTRE COMMERCIAL.

ON EST JAMAIS TROP DE TROIS POUR PORTER LES SACS !

... 160, 180 ET 200. ÇA VA, LE COMPTE EST BON.

J'AI PLUS UN ROND, MAIS C'EST KARINE QUI VA ÊTRE CONTENTE !

Delaf-Dubuc

KARINE QUI SORT AVEC DAN, JENNY BIENTÔT AVEC JOHN JOHN... TU VAS TE RE-TROUVER SEULE, LA GROSSE !

NON, JAMAIS SEULE ! JE VAIS METTRE FIN À CETTE STUPIDE RELATION ET TOUT REDEVIENDRA COMME AVANT.

... VOYONS, KARINE ! TU VAS PAS LAISSER MURPHY GÉRER TA VIE, QUAND MÊME ! ...

?

... J'AI L'IMPRESSION QUE TU PRÉFÈRES PASSER TES SOIRÉES AVEC LUI QU'AVEC MOI !

MAIS NON... MURPHY A BESOIN D'AIDE, C'EST TOUT. IL N'A AUCUN AMI.

ET SI TU VOYAIS SA MÈRE ...

TU N'ES PAS OBLIGÉE DE SAUVER LE MONDE, KARINE. TU AS LE DROIT D'ÊTRE HEUREUSE TOI AUSSI, DE PENSER À TOI.

IL NOUS A FAIT RATER TOUS NOS DERNIERS RENDEZ-VOUS, TU TE RENDS COMPTE ?

MURPHY N'A QU'UNE VIE ALORS QUE NOUS, ON AURA DES CENTAINES D'AUTRES RENDEZ-VOUS !

TU CROIS ?

TIENS.

QU'EST-CE QUE C'EST ?

OUVRE.

DES BILLETS POUR LE CONCERT DES *BLACKBERRIES* ?! MAIS... C'EST IMPOSSIBLE ! ... COMMENT TU LES AS EUS ?

PEU IMPORTE.

ALORS, TU ES LIBRE CE SOIR ?

BEN... JENNY ET VICKY VOULAIENT M'EMMENER FAIRE DU SHOPPING...

MAIS J'EN AI PAS TRÈS ENVIE.

C'EST **TON** ANNI-VERSAIRE. TU FAIS CE QUE **TU** VEUX.

TU AS RAISON ! TANT PIS POUR ELLES, ELLES N'AURONT QU'À PORTER LEURS SACS TOUTES SEULES !

ET...

... ET SI MURPHY DIT QU'IL A BESOIN DE TOI ?

...

KARINE... JE SAIS PAS SI JE POURRAIS SUPPORTER UN AUTRE RENDEZ-VOUS RATÉ.

TU AS QUELQUE CHOSE DE PRÉVU CE SOIR ?

73

Delaf-Dubuc

SI JE FAIS QUELQUE CHOSE CE SOIR? POURQUOI, ÇA T'INTERESSE?

JE VEUX SIMPLEMENT M'ASSURER QUE TU SORTES AVEC KARINE.

AH, KARINE... JE LUI AI PAS ENCORE DIT, MAIS ENTRE ELLE ET MOI, C'EST TERMINÉ.

!

ELLE VOULAIT JAMAIS QUE JE L'EMBRASSE, ÇA M'ENERVAIT. MOI, LES FILLES FRIGIDES, **NON MERCI!**

MAINTENANT, JE SORS AVEC LIZON.

!

ELLE EST ENCORE PLUS MOCHE QUE KARINE, MAIS AU MOINS, JE PEUX L'EMBRASSER, REGARDE...

J'AI VU, J'AI VU!!!

SMLKPLRSPKLRLF

BON... ALORS ADMETTONS QUE JE TE LE DEMANDE COMME UN SERVICE.

UN SERVICE?

ET QU'EST-CE QUE JE DEVRAIS FAIRE?

OH, RIEN D'INHABITUEL... MENACER DE TE SUICIDER SI ELLE NE PASSE PAS LA SOIRÉE AVEC TOI.

HMM... J'AVAIS PRÉVU D'EMMENER LIZON AU CINÉ ET PEUT-ÊTRE MÊME LA PELOTER...

IL ME FAUDRAIT UNE BONNE RAISON POUR CHANGER MES PLANS.

C'EST QUOI CE CHANTAGE? LE FAIT QUE JE T'ADRESSE LA PAROLE EN PUBLIC DEVRAIT SUFFIRE, NON?!

REGARDE, LIZON, C'EST L'HORAIRE DES FILMS POUR CE SOIR...

D'ACCORD, D'ACCORD.

ET SI JE TE PROPOSAIS UN BAISER?

UN BAISER? TU VOUDRAIS?!

SCRITCH SCRITCH SCRITCH

AH NON, PAS MOI! **JENNY.**

74

JENNY? MAIS... JE CROYAIS QU'ELLE ME TROUVAIT MOCHE.

ELLE A CHANGÉ D'AVIS. JE SAIS PAS SI C'EST L'AMOUR, MAIS DEPUIS QUELQUE TEMPS, TU RAYONNES, MON GARS!

POUR DE VRAI?

OUI, SURTOUT TON NEZ...

ALORS, MARCHÉ CONCLU?

MARCHÉ CONCLU!

BEN QUOI? FAIS PAS LA GUEULE! TON COPAIN VA EMBRASSER LA PLUS BELLE FILLE DE L'ÉCOLE, TU DEVRAIS ÊTRE FIER!

VITE! ME LAVER LA MAIN!

DelaF. Dubuc

AH, JENNY! JE T'AI CHERCHÉE TOUT L'AVANT-MIDI!

J'AI TROUVÉ UN MOYEN INFAILLIBLE POUR SÉPARER KARINE ET DAN!

INFA-QUOI?

MAIS J'AI BESOIN DE TOI, CE SOIR.

ENCORE? J'EN AI UN PEU MARRE, MOI, ÇA FOIRE TOUJOURS.

OUI MAIS CETTE FOIS, C'EST LA BONNE, TU PEUX ME CROIRE!

BON... QU'EST-CE QUE JE DEVRAI FAIRE?

SALUT, MA BICHE.

FROT FROT

ÇA TE BOTTE UNE BALADE AUTOUR DU LAC, CE SOIR? JUSTE TOI ET MOI.

JUSTE TOI ET MOI?!...

MAIS... EST-CE QUE LA MOTO VIENT AUSSI?

SÛR.

ALORS C'EST OUI!!!

JE TE LE DIS PAS TOUT DE SUITE POUR GARDER LA SURPRISE, MAIS ÇA SE POURRAIT QUE JE TE DEMANDE D'ÊTRE MA POULE.

SUPER!

TRAÎTRESSE!! TU PEUX PAS ME FAIRE ÇA! T'AVAIS ACCEPTÉ DE M'AIDER!

JE PEUX PAS REFUSER UNE OFFRE PAREILLE! EN PLUS, QUELQUE CHOSE ME DIT QU'IL VA ME DEMANDER D'ÊTRE SA POULE!

HI! HI! JENNY JOHN, ÇA SONNE BIEN, TU TROUVES PAS?

CROUNCH!

BON. TU AS FAIT TON CHOIX ET JE LE RESPECTE. JE SÉPARERAI KARINE ET DAN TOUTE SEULE.

MAIS QUAND JOHN JOHN T'AURA LARGUÉE PARCE QUE TU SERAS DEVENUE OBÈSE, NE VIENS PAS PLEURER POUR REDEVENIR NOTRE AMIE.

POURQUOI JE DEVIENDRAIS OBÈSE?

75

C'EST PAS POSSIBLE! 'FAUT TOUT T'EXPLIQUER!

QUAND TU MONTES À MOTO AVEC JOHN JOHN, METS-TU UN CASQUE?

BEN... NON.

LES MOUCHES, JENNY! TU VAS AVALER DES CENTAINES DE MILLIERS DE MOUCHES!!!

IL A PAS TROP COMPRIS QUAND JE LUI AI EXPLIQUÉ QUE LA MOTO C'EST ENGRAISSANT...

T'EN FAIS PAS, IL EST UN PEU BÊTE.

?? GRAT GRAT

Delaf - Dubuc

C'EST VOUS QUI AVEZ UN BILLET À DONNER POUR LE CONCERT DES *BLACKBERRIES* ?

HEU... PAS EXACTEMENT, MAIS TU ES AU BON ENDROIT.

C'EST QUOI, L'ARNAQUE ?

Y EN A PAS.

Y A FORCÉMENT UNE ARNAQUE. LES BILLETS GRATUITS NE SORTENT PAS DE NULLE PART COMME ÇA.

TIENS, C'EST VRAI ÇA...

TU ES NOTRE PREMIER CHOIX, MAIS SI TU NOUS FAIS PAS CONFIANCE, TANT PIS POUR TOI !

J'ARRIVE PAS À Y CROIRE! ON VA VOIR LES BLACK'S EN CHAIR ET EN OS !

J'AI TELLEMENT HÂTE! JE CROYAIS QUE LA JOURNÉE FINIRAIT JAMAIS !

JOYEUX ANNIVERSAIRE, MA BELLE !

HI ! HI !

BIZ !

KARIiiii-iiiiiNE...

MURPHY ?

AH NON !

TAP!

ME LAISSE PAS PASSER LA SOIRÉE TOUT SEUL, KARIiiiiiNE. JE VAIS TRÈS MAAAAAL...

QU'EST-CE QUI SE PASSE ?

J'AI EU UNE NOTE TERRIBLE À L'EXAM DE MAAAAATHS...

T'AVAIS ÉTUDIÉ, AU MOINS ?

CINQ MINUUUUUTES...

MURPHY, TU FAIS RIEN POUR T'AIDER !

JE PEUX PAS PASSER LA SOIRÉE AVEC TOI. JE SORS AVEC DAN, CE SOIR.

ON SE VERRA DEMAIN, O.K. ?

NON ! CE SOIR OU RIEN !

76

SINON JE ME JETTE DU HAUT DU TOIT ET CE SERA *TA* FAUTE !

MURPHY, NON !

ET LE CONCERT ?

DÉSOLÉE

DAN ? ON AIMERAIT TE PRÉSENTER MÉLANIE.

MÉLANIE... VOICI L'ARNAQUE.

?

Delaf. Dubuc

BON... ON VOUS LAISSE ENTRE FANS DES BLACKBERRIES!

BEURK! HI-HI!

ELLES SONT BIZARRES, CES DEUX-LÀ.

TU PEUX LE DIRE.

TOUJOURS EN TRAIN DE MANIGANCER QUELQUE CH...

EH!

TU SERAIS PAS DANS LE MÊME GROUPE QUE MURPHY, EN MATHS?

MURPHY... TU VEUX PARLER DU GÉNIE À BOUTONS? "LA CALCULATRICE", ON L'APPELLE...

TU BLAGUES?

JE CROYAIS JAMAIS QUE CE SERAIT AUSSI FACILE! 'FAUT DIRE QUE MURPHY A FAIT UNE BONNE PARTIE DU BOULOT.

'FAUDRA PENSER À ÊTRE TRÈS GENTILLES AVEC LUI LA PROCHAINE FOIS QU'ON LE VERRA.

DAN?!

MAIS... TU VAS PAS AU CONCERT AVEC LA JOLIE MÉLANIE?

OH, VOUS DEUX, ÇA VA, HEIN!

DESCENDS DE LÀ, MURPHY!

UNE MAUVAISE NOTE EN MATHS, C'EST PAS SI GRAVE...

KARINE! PFF... PFF...

IL VA PAS SE SUICIDER. JE VIENS DE PARLER AVEC UNE FILLE DE SA CLASSE. IL A EU UNE NOTE PARFAITE!

QUOI?

PFF...

MÊME QUE DEPUIS QUELQUES JOURS, IL A UNE PETITE AMIE.

NON!

ALORS TU VAS PAS TE TUER?

BEN...

EN TOUT CAS, PAS AVANT 21 HEURES. SINON JE POURRAI PAS EMMENER LIZON AU CINÉMA...

77

JE SAVAIS QU'IL Y AVAIT UNE ARNAQUE!

T'AVAIS JUSTE À LA FERMER ET TOUT ALLAIT MARCHER, IDIOTE!

LIZON? C'EST CHOUPIGNOU...

C'EST BON, J'AI RÉUSSI À ME DÉBARRASSER DE LA GRANDE ASPERGE.

OUI, JE T'AIME AUSSI, MAIS DIS-LE À PERSONNE, O.K.?

JE VAIS LE TUER!

NON! C'EST PEUT-ÊTRE LE PROCHAIN EINSTEIN!

JE COMPRENDS PAS CE QUI A PU LE POUSSER À FAIRE ÇA...

J'AI MA PETITE IDÉE...

Delaf-Dubuc

SI TU NE FAIS PAS QUELQUE CHOSE IMMÉDIATEMENT, KARINE VA ALLER À CE STUPIDE CONCERT !

C'EST PAS MA FAUTE, J'AI FAIT CE QUE J'AI PU !

J'AI MENACÉ DE ME SUICIDER COMME TU M'AS DEMANDÉ. MAINTENANT, JE VEUX MON BAISER !

UN BAISER ? BEURK !

PAS QUESTION ! DESCENDS IMMÉDIATEMENT, TROUVE UN BUS ET JETTE-TOI DEVANT, C'EST LA SEULE CHANCE QU'IL NOUS RESTE !

TU DOIS EMPÊCHER CETTE SOIRÉE D'AVOIR LIEU. LE BAISER VIENDRA APRÈS !

NON, ÇA SUFFIT ! JE VEUX MON BAISER TOUT DE SUITE !

PAUVRE VICKY ! JE SAVAIS PAS QUE TU TENAIS TANT À SÉPARER KARINE ET DAN...

ARRÊTE !

MAIS QU'EST-CE QUI LUI ARRIVE ? ON DIRAIT QU'IL VEUT QUE JE... ... QUE JE L'EMBRASSE !

VICKY... DIS-MOI QUE TU NE LUI AS PAS PROMIS QUE JE L'EMBRASSERAIS !

EUH ... MMM... BIZOU...

ET MOI QUI CROYAIS QUE TU AVAIS BESOIN DE MOI POUR MON INTELLIGENCE ! EN FAIT, C'EST PARCE QUE TU VOULAIS PAS L'EMBRASSER TOI-MÊME !

EH BIEN, JE TE LE LAISSE. VOUS ÊTES AUSSI MOCHES L'UN QUE L'AUTRE !

NON JENNY ! ATTENDS, C'EST PAS CE QUE TU CROIS !

LÂCHE-MOI ! JE VAIS REJOINDRE JOHN JOHN !

ON VA ALLER LA FAIRE, CETTE BALADE AUTOUR DU LAC. ET S'IL ME DEMANDE POUR SORTIR AVEC LUI ET SA MOTO ...

JE VAIS DIRE OUI !!

NON, PAS ÇA ! PITIÉ !

VLAM !

78

JENNY, ATTENDS ! JE VAIS TROUVER UN AUTRE PLAN, UN MEILLEUR, ET TU N'AURAS ABSOLUMENT RIEN À FAIRE !

MAIS NE VA PAS À CE RENDEZ-VOUS, JE T'EN SUPPLIE !

QU'EST-CE QUE TU REGARDES, LE MOCHE ?

MON PRIX DE CONSOLATION.

PSH PSH

Delaf-Dubuc

80

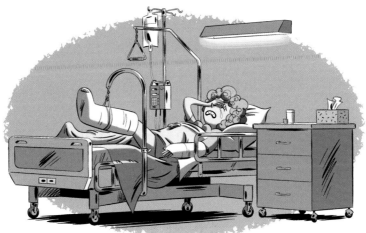

Delaf - Dubuc 2006